Début d'une série de documents
en couleur

LA
RICHESSE

EN FRANCE ET A L'ÉTRANGER

PAR

A. DE FOVILLE

CHEF DE BUREAU DE LA STATISTIQUE AU MINISTÈRE DES FINANCES

PROFESSEUR AU CONSERVATOIRE DES ARTS ET MÉTIERS

Extrait du DICTIONNAIRE DES FINANCES

BERGER-LEVRAULT ET Cⁱᵉ. LIBRAIRES-ÉDITEURS

PARIS
5, rue des Beaux-Arts

NANCY
18, rue des Glacis

1893

NANCY, IMPRIMERIE BERGER-LEVRAULT ET Cⁱᵉ.

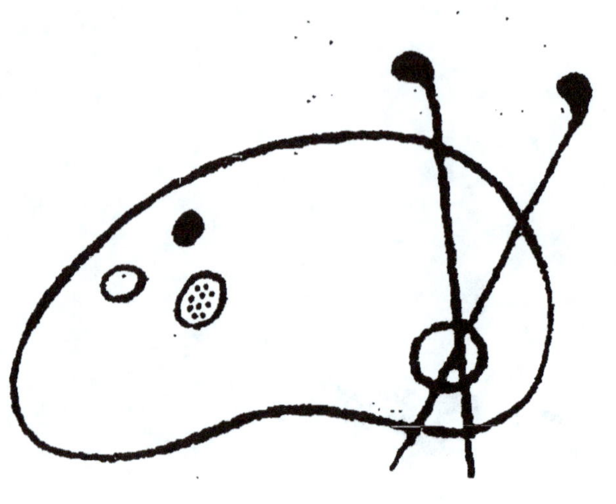

Fin d'une série de documents
en couleur

LA
RICHESSE

EN FRANCE ET A L'ÉTRANGER

NANCY, IMPRIMERIE BERGER-LEVRAULT ET Cⁱᵉ.

LA

RICHESSE

EN FRANCE ET A L'ÉTRANGER

PAR

A. DE FOVILLE

CHEF DE BUREAU DE LA STATISTIQUE AU MINISTÈRE DES FINANCES

PROFESSEUR AU CONSERVATOIRE DES ARTS ET MÉTIERS

———

Extrait du DICTIONNAIRE DES FINANCES

———

BERGER-LEVRAULT ET Cie, LIBRAIRES-ÉDITEURS

PARIS | NANCY
5, rue des Beaux-Arts | 18, rue des Glacis

1893

LA
RICHESSE

EN FRANCE ET A L'ÉTRANGER

DÉFINITION ET DIVISION.

Dans le langage courant, le substantif « richesse » éveille la même idée que l'adjectif « riche » et suppose une concentration un peu exceptionnelle des biens de ce monde. Mais quand la science économique parle des « richesses » en général et quand la science financière parle de la « richesse publique », ce n'est plus l'opulence seule qui est en cause. La richesse publique d'un pays comprend tout ce qui, sur son territoire, possède une valeur appréciable en argent. La propriété sous toutes ses formes et le capital à tous ses degrés en font partie intégrante. Le denier de la veuve s'y totalise avec le portefeuille du millionnaire ; les chaumières s'y confondent avec les châteaux.

Il convient même que ceux qui raisonnent sur

la richesse publique considèrent, en même temps que l'ensemble des capitaux, l'ensemble des revenus, ajoutant ainsi aux produits des biens meubles et immeubles les produits du travail humain, traitements, salaires, profits individuels de toute sorte... A capital égal, deux familles ou deux peuples pourront se trouver, comme richesse, dans des conditions inégales si l'activité personnelle crée d'un côté des ressources plus abondantes que de l'autre. Dans la plupart des cas, cependant, il existe une proportionnalité, au moins relative, entre la richesse-capital et la richesse-revenus.

L'important, étant données les deux interprétations possibles du mot, est qu'il n'y ait jamais d'équivoque.

La richesse publique constitue le milieu dans lequel les finances publiques se meuvent et s'alimentent; la statistique financière ne saurait donc se poser de problèmes plus importants que ceux qui tendent à évaluer la richesse des divers États, à en suivre les variations et aussi à en rechercher la distribution intérieure. « Un travail de cette nature, disait Lavoisier (*De la Richesse territoriale de la France*), contiendrait toute la science de l'économie politique ou plutôt cette science cesserait d'en être une, car les résultats en seraient si clairs, si palpables, qu'il ne pourrait plus y avoir diversité d'opinion [1]. »

---

1. Voir aussi Turgot, *Réflexion sur la formation et la distribution des richesses*, chapitre XC et suivants.

Ces questions, longtemps jugées insolubles, ne sont pas encore de celles auxquelles on peut répondre avec précision ; mais les solutions approximatives que nous avons appris à élaborer présentent déjà, pour les hommes de science et pour les hommes de gouvernement, un intérêt considérable.

Afin de mettre dans notre exposé le plus d'ordre possible, nous concentrerons d'abord nos recherches sur la France et nous parlerons successivement de ses capitaux et de ses revenus. Nous jetterons ensuite un coup d'œil comparatif sur les autres nations.

LE CAPITAL EN FRANCE.

Cette expression, capital national, demande, elle aussi, à être nettement définie. Ceux qui l'emploient ont en vue, les uns le montant des fortunes privées, les autres la fortune même de la nation considérée dans son ensemble. Les deux interprétations ne sont pas identiques. Ainsi, quand on totalise les fortunes privées des 38 millions d'habitants qui peuplent la France, il n'est que juste d'y comprendre les rentes sur l'État, qui constituent pour l'ayant droit un *actif*, dans toute l'acception du mot. Mais pour l'État, les rentes émises sont un *passif*, et par conséquent, lorsque c'est la fortune collective de la nation que l'on cherche à chiffrer, il ne faut pas plus parler des fonds d'État possédés par les nationaux que des créances, hypothécaires ou autres, existant de Français à Français : tout cela se neutralise. Que si une partie de la dette a passé à l'étranger, il faut réduire d'autant l'actif national. Et ce que nous venons de dire des fonds d'État est également vrai des emprunts départementaux, communaux, etc. La situation est encore à peu près la même pour les titres des sociétés anonymes, chemins de fer et autres ; pour les billets de banque, etc. Par contre, lorsqu'on ne compte plus ces diverses catégories de valeurs mobilières, il faut naturellement faire état des biens collectifs qui en forment le gage : domaine de l'État, domaines départemental et communal ; encaisse et portefeuille des banques, etc. C'est ce qui fait qu'en somme la fortune nationale arrive à ne pas différer très sensiblement, au moins en France, du montant total des fortunes individuelles.

OBSERVATIONS PRÉLIMINAIRES.

Pour évaluer en argent, soit l'ensemble des fortunes privées, soit l'ensemble de la fortune nationale, il n'y a, en principe, qu'à en faire l'inventaire estimatif au prix courant de chaque chose, comme s'il s'agissait d'un patrimoine particulier.

A vrai dire ceux qui se plaisent à contester les calculs de ce genre nous objectent parfois que si l'on venait à mettre en vente, simultanément, toutes les terres, toutes les maisons, tous les biens meubles et immeubles d'un pays comme la France, on n'arriverait jamais à en tirer le nombre de milliards auquel on se trouve amené en faisant à ces diverses natures de biens l'application des prix courants actuels. L'objection est enfantine et l'hypothèse est saugrenue. Aucun peuple n'a jamais songé à « liquider » de la sorte et ce que l'économiste a intérêt à totaliser, ce sont les valeurs que les conditions normales de la vie sociale et du commerce assignent à tout ce que nous possédons, alors même que la plupart d'entre nous n'ont actuellement aucun désir de vendre. Pourquoi l'inventaire des richesses nationales se ferait-il autrement que tous les autres inventaires, petits ou grands ? C'est le capital vivant et non le capital mort qu'il importe de mesurer.

Il n'y a donc pas lieu de s'arrêter à ce vain scrupule.

On est mieux inspiré quand on nous met en garde contre le danger des doubles emplois. En faisant l'inventaire successif des diverses valeurs qui s'offrent à nos investigations, nous risquerions souvent de compter deux fois la même chose. Si, par exemple, on cherchait à chiffrer séparément, pour les additionner ensuite, la richesse mobilière et la richesse immobilière, il ne faudrait pas oublier qu'elles ont des éléments communs, qu'elles s'entre-pénètrent pour ainsi dire. En ajoutant à la valeur des actions et obligations de nos compagnies de chemins de fer la valeur de leurs réseaux; en ajoutant à la valeur des actions et obligations de notre Crédit foncier la valeur des maisons ou terres sur lesquels il a hypothèque; en ajoutant à la valeur des actions et obligations d'une société immobilière ou d'une société de crédit la valeur des propriétés ou des titres qu'elle possède, on majorerait indûment le total ; et il y a là un mirage dont on ne saurait trop se défier.

Faisons encore remarquer que l'on s'exposerait à des illusions si l'on croyait pouvoir réduire à un simple tableau de chiffres la comparaison des diverses richesses nationales. Le pouvoir de l'argent varie suivant les pays et un milliard en Amérique n'est pas tout à fait la même chose qu'un milliard en

Europe ou en Asie. Puis, même à chiffre égal et à pouvoir égal, les valeurs dont disposent deux peuples peuvent ne pas s'équilibrer, au point de vue de la concurrence internationale, si comme nature de capitaux elles ne sont pas composées de la même manière. Les divers éléments de la richesse comportent, en tant qu'agents économiques, des vertus plus ou moins efficaces. Comme le note ingénieusement M. le professeur Fahlbeck, c'est un peu l'histoire de la livre de plomb et de la livre de plume : le poids est le même, mais c'est la seule ressemblance qu'il y ait entre les deux objets ; et si l'on voulait, par exemple, les utiliser comme projectiles, quel contraste[1] ! La différence, en pratique, n'est pas moindre entre un milliard en machines, par exemple, et un milliard en bijoux, tableaux, etc. Pécuniairement égales, ces deux valeurs sont loin de pouvoir rendre les mêmes services.

Mais ce n'est point la philosophie de la richesse, que nous avons à étudier ici, et il nous suffira d'avoir signalé au lecteur le danger qu'il pourrait y avoir à tirer des calculs qui vont suivre des conclusions trop absolues[2].

---

1. M. Fahlbeck estime que les principales qualités auxquelles se mesure la « vertu économique » des diverses natures de biens sont : 1° leur aptitude à la production et à la consommation ; 2° leur aptitude à l'échange et au transport. Il réserve le premier rang aux métaux précieux, or et argent. (Voir le *Bulletin de l'Institut international de statistique*, t. VI.)

2. Voir dans la *Population française*, de M. Levasseur, tome III, les très intéressantes considérations auxquelles l'auteur se livre sur la marche comparative des populations et de la richesse.

UTILISATION DES STATISTIQUES SUCCESSORALES.

La méthode que nous recommandons pour l'évaluation du montant total des fortunes privées — méthode que beaucoup de statisticiens français et étrangers ont bien voulu adopter, — a l'avantage de réduire à sa plus simple expression le risque des doubles emplois.

Cette méthode consiste à multiplier l'importance moyenne des *successions* et *donations* annuelles par l'*intervalle moyen* des mutations de ce genre.

Mais ceci demande explication.

L'administration de l'enregistrement, chargée de percevoir les droits applicables aux successions (mutations par décès) et aux donations (mutations entre vifs à titre gratuit), publie régulièrement, depuis 1826, le relevé annuel des capitaux ainsi taxés (*comptes définitifs des recettes*).

En voici la progression, en millions de francs, depuis 1826 :

Successions et donations entre vifs annuellement taxées.

Années.	Successions.	Donations.	Total.
		Millions de francs.	
1826.	1,337	449	1,786
1830.	1,451	465	1,916
1835.	1,540	519	2,059
1840.	1,609	607	2,216
1845.	1,742	702	2,444
1850.	2,025	659	2,684
1855.	2,407	726	3,133
1860.	2,724	802	3,526
1865.	3,029	851	3,880
1869.	3,637	930	4,567

Années.	Successions.	Donations.	Total.
		Millions de francs.	
1870.	3,372	682	4,054
1871.	5,011	718	5,729
1872.	3,951	1,128	5,079
1873.	3,712	1,033	4,745
1874.	3,931	996	4,927
1875.	4,254	1,067	5,321
1876.	4,702	1,068	5,770
1877.	4,438	1,028	5,466
1878.	4,748	1,054	5,802
1879.	5,004	1,103	6,107
1880.	5,266	1,117	6,383
1881.	4,914	1,089	6,003
1882.	5,027	1,046	6,073
1883.	5,244	1,062	6,306
1884.	5,078	1,023	6,101
1885.	5,407	1,021	6,428
1886.	5,369	1,019	6,388
1887.	5,409	998	6,407
1888.	5,372	958	6,331
1889.	5,059	942	6,001
1890.	5,811	937	6,748
1891.	5,792	1,008	6,800

Nous avons soin d'ajouter ici les donations aux successions parce que les donations ne sont guère, à proprement parler, qu'une dérivation de ce courant successoral dont nous avons à mesurer l'importance totale. La plupart des libéralités entre vifs peuvent être considérées comme des legs anticipés ou comme des avancements d'hoirie : il s'agit d'ordinaire de parents qui dotent leurs filles, établissent leurs fils, etc.

Les successions et donations cumulées, de 1879 à 1889, ont toujours oscillé entre 6 milliards et 6 milliards 1/2 ; et ce dernier chiffre n'a été sensiblement dépassé en 1890 et 1891 qu'à raison du nombre exceptionnel des successions ouvertes à la suite des décès provoqués par l'influenza. De même, le maximum de 1871 et 1872, époque d'appauvrissement général, n'est dû qu'aux énormes mortalités de l'année terrible[1].

Par contre, le chiffre annuel des donations se ressentait en 1870-1871 et, pour d'autres motifs, se ressent encore aujourd'hui du ralentissement de la nuptialité.

Ainsi, de 6 milliards à 6 milliards 1/2, telles seraient, d'après les estimations administratives, les valeurs qui chez nous, en temps normal, passent annuellement d'une génération à l'autre : et il est clair que cette annuité moyenne représente une fraction déterminée de la masse des fortunes individuelles.

L'annuité successorale ayant doublé depuis trente ans et presque quadruplé depuis soixante ans, nous n'irons pas jusqu'à en conclure que les fortunes ont, elles aussi, doublé et quadruplé, parce que certaines valeurs sont aujourd'hui taxées qui ne l'étaient pas autrefois ou que le mode d'évaluation en a été changé (lois de 1836, 1841, 1850, 1871, 1875...). Mais, depuis 1876 tout au moins, le rapport existant entre la masse annuelle des mutations et le montant total des fortunes privées doit être à peu près constant. Reste à fixer ce rapport : $x = \dfrac{S + D}{F}$.

Ce rapport n'est pas égal à *la vie moyenne* des

1. Les héritiers ou légataires ayant six mois, à dater du décès, pour faire les déclarations prescrites et les versements exigés, l'influence des variations de la mortalité ne se fait sentir, dans les statistiques successorales, qu'avec un retard de cinq ou six mois.

hommes, comme plusieurs l'ont cru et l'ont affirmé, mais bien à *la survie moyenne* des héritiers aux *de cujus,* cette survie moyenne représentant l'intervalle moyen des mutations successives qui provoquent l'intervention du fisc. Si, par impossible, il s'écoulait toujours 30 ans ou 40 ans entre l'époque où l'on hérite d'un bien et l'époque où l'on est à son tour dépossédé par la mort, les successions annuelles représenteraient la 30ᵉ ou la 40ᵉ partie du montant total des fortunes successibles.

Les personnes familiarisées avec les études démographiques reconnaîtront, d'ailleurs, qu'en ligne directe, tout au moins, cette survie moyenne des héritiers correspond à l'âge moyen des pères et mères au moment de la naissance des enfants.

C'est aussi ce que l'on appelle, habituellement, la durée moyenne des générations [1].

Or depuis Hérodote, on a toujours compté trois générations par siècle, ce qui donnerait : $x = 33$ ans ; et c'était encore, il n'y a pas bien longtemps, l'éva-

---

1. Imaginons, pour rendre la chose plus facile à saisir, une population où tout le monde procréerait à l'âge N et mourrait à l'âge D.

Il est clair que, dans cette hypothèse, le fils hériterait à l'âge D — N et garderait pendant D — (D — N) ou N années le bien patrimonial. N représenterait aussi, évidemment, l'exacte périodicité des générations successives.

Les successions autres que celles qui se font de parents à enfants altèrent-elles, au point de vue de la survie des héritiers, les résultats fournis par les dévolutions normales ? Nous ne le pensons pas et, en tout cas, rien ne le prouve. La survie probable se trouve considérablement réduite quand c'est le frère qui hérite ; mais quand c'est le petit-fils, elle se trouve considérablement accrue. Et ainsi de suite.

luation de M. le Dr Vacher. Nous avons été, après
mûr examen, amené à proposer un chiffre un peu
plus élevé : 35 ou 36 ans. On y arrive par des voies
diverses : MM. Rümelin et Gœhlert, en Allemagne,
M. de Inama-Sternegg, en Autriche, s'y trouvent con-
duits par des calculs purement démographiques. En
France, une enquête administrative déjà ancienne
(et qu'il serait urgent de renouveler) montre les
immeubles changeant de mains tous les 20 ans en
moyenne, savoir : à titre d'aliénation tous les 45 ans,
et à titre de mutation successorale tous les 36 ans :

$$\left(\frac{1}{36} + \frac{1}{45} = \frac{1}{20} \right).$$

Nous admettrons donc, sauf rectification éven-
tuelle, que la vraie annuité successorale annuelle
moyenne représente environ la 36e partie du montant total des fortunes successibles : F = 36 (S + D).
Et, en admettant, sur la foi des statistiques fiscales,
que : S + D = 6 milliards 1/4, il s'ensuivrait :

$$F = 225 \text{ milliards.}$$

Reste à savoir si l'administration de l'enregistrement nous fait bien connaître l'importance réelle
des valeurs comprises dans les successions et donations annuelles.

Il n'est que trop facile de prouver que la statistique officielle, en cette matière, pèche alternati-
vement par insuffisance et par exagération.

La statistique officielle est incomplète :

1° Parce que certaines successions (successions
minimes, d'ordinaire) et beaucoup de donations (dons

manuels, petits ou grands) échappent complètement aux poursuites du fisc ;

2° Parce que, même dans les successions déclarées, le numéraire, certaines créances et les titres au porteur, rentes, actions, obligations.... peuvent souvent être impunément dissimulés ;

3° Parce que l'évaluation des meubles meublants, bijoux, objets d'art, etc., est généralement atténuée ; qu'il en est de même pour celles des autres valeurs mobilières dont l'exacte valeur est difficile à contrôler ; et que, même pour les immeubles, le mode de capitalisation imposé par la loi — 20 fois ou 25 fois la valeur locative brute, selon qu'il s'agit d'immeubles urbains ou d'immeubles ruraux [1] — reste assez souvent au-dessous de la vérité.

Mais d'autre part la statistique officielle se trouve entachée d'exagérations :

1° Parce que la loi française, malgré la réforme proposée par le Gouvernement lui-même, ne permet pas encore que l'on déduise de l'actif des successions imposables le passif qui parfois en réduit considérablement la consistance ;

2° Parce que, dans une succession où la nue propriété d'un bien passe à une personne et l'usufruit à une autre personne, la loi fiscale française, tirant deux moutures du même sac, arrive à majorer de 50 p. 100 la matière imposable [2] ;

1. C'est la loi du 21 juin 1875 qui, pour les immeubles ruraux, a porté le multiplicateur de 20 à 25.

2. Le nu-propriétaire paie comme s'il recevait la pleine propriété et l'usufruitier paie moitié.

3° Parce que le mode d'évaluation prescrit par la loi pour les immeubles urbains — 20 fois la valeur locative brute (sans tenir compte des charges fiscales, des frais d'entretien, des vacances, des non-valeurs) — conduit souvent à un chiffre supérieur à la vraie valeur vénale.

Voilà bien des causes possibles d'erreurs ; mais on a vu qu'elles agissent en sens contraires ; et l'importance des omissions est comparable, au moins, à celle des majorations, car de part et d'autre les rectifications qu'il y aurait à faire semblent dépasser un demi-milliard par an sans atteindre un milliard.

On a donc chance, en s'en tenant aux données officielles, de ne pas faire trop fausse route. En tout cas, la quotité de l'erreur, en plus ou en moins, ne varierait guère d'une année à l'autre, et les résultats successivement obtenus, se trouvant influencés dans la même proportion, pourraient servir de base à des rapprochements instructifs.

Nous maintenons donc, comme approximativement vraie, la formule : $F = 36 (S + D)$, S étant l'annuité successorale moyenne et D représentant le montant annuel des donatións. Et l'on a vu que cette formule, depuis 1879, porterait à 225 milliards environ *le montant total des fortunes privées* de la France.

La *fortune nationale,* qui, nous le savons, n'est pas la même chose, paraît devoir comporter, passif déduit, une évaluation presque égale.

ÉVALUATIONS ANTÉRIEURES BASÉES
SUR DES MÉTHODES DIVERSES.

Des évaluations très supérieures à la nôtre ont été proposées, à des époques où la France était certainement moins riche qu'aujourd'hui. Mais leurs auteurs avaient commis des fautes de raisonnement plus ou moins graves.

M. Élisée Reclus, l'éminent géographe, a supposé que, pour passer du revenu national au capital national, il suffisait de capitaliser au denier vingt les 25 milliards de revenu qu'il attribuait à la population française. M. Reclus arrivait ainsi à 500 milliards, ce qui est un beau chiffre[1], et M. le docteur Talandier, député de Paris, n'hésitait pas à considérer ces 500 milliards comme une évaluation plausible de l'ensemble des capitaux possédés par les Français[2]. M. Sciama, ingénieur, allait plus loin et nous attribuait, dans sa munificence, 400 milliards de richesse immobilière et 200 milliards de richesse mobilière, en tout 600 milliards. Les publicistes qui ont formulé ces énormités oubliaient que, si les revenus additionnés des Français peuvent atteindre 25 milliards, plus de la moitié de ce chiffre représente des salaires, fruit du travail individuel, et non des intérêts de capitaux[3].

1. Voir sa *Nouvelle Géographie universelle*, t. II, p. 885.
2. Voir le *Journal officiel* du 29 janvier 1878, p. 810.
3. Même en ajoutant la valeur estimative du *capital hu-*

Laissant de côté ces improvisations malheureuses, nous allons d'abord réunir sous les yeux du lecteur les évaluations des hommes du métier.

J.-B. Say, sous la Restauration, comptait pour la richesse immobilière de la France 60 milliards, et pour sa richesse mobilière 60 milliards aussi, total 120 milliards. C'était bien trop pour l'époque.

M. Maurice Block, en 1873, croyait pouvoir « hasarder », comme mesure approximative des progrès de la richesse en France, les indications que voici :

Dates.	Propriété immobilière.	Capital mobilier.
	milliards.	milliards.
1820	40	15
1840	»	40
1847	100	»
1850	»	45
1860	»	114
1869	»	150
1873	120	»

On remarquera que, pour éluder l'écueil des doubles emplois, M. Block s'abstenait de totaliser.

Voici d'autres évaluations que nous groupons, à titre de curiosité, sans prétendre les discuter une à une :

main à celle des *capitaux possédés*, on n'arriverait jamais à 500 milliards, car pour évaluer en argent le capital humain, il faut capitaliser, non le montant brut des salaires, mais le *produit net* de la machine humaine, déduction faite des dépenses nécessaires pour l'entretenir à l'état d'activité.

Auteurs.	Dates.	Richesse immobilière milliards.	Richesse mobilière. milliards.	Richesse totale. milliards.
M. E. de Girardin[1] . .	1853	92	33	125
M. Wolowski[2]	1861	120	55	175
M. le duc d'Ayen[3] . .	1872	100	95	195
M. le Dr Vacher[4] . . .	1878	216	44	260
M. A. Amelin[5]	1878	135	105	240
M. S. Mony[6]	1881	115	101	216

1. Voir le tableau inséré à la fin de son livre : *l'Impôt*.

2. Voir le *Journal officiel* du 23 décembre 1871, séance de l'Assemblée nationale du 22.

3. Voir le *Journal des Économistes* de mai 1875. Voir aussi *Revenu, salaire et capital*, 1872.

4. Voir le *Journal de la Société de statistique*, année 1878, p. 281.

5. Voir l'*Écho agricole*, août et septembre 1878.

6. Voir son *Étude sur le travail*, 2e édition, 1881.

DÉCOMPOSITION DE LA FORTUNE NATIONALE

PAR NATURES DE BIENS.

Les successions et donations soumises à l'impôt se décomposaient de la manière suivante, aux diverses époques, entre l'élément *immeubles* et l'élément *meubles*.

Parts proportionnelles.

Époques.	Successions		Donations		Total	
	Immeubles. p. 100.	Meubles. p. 100.	Immeubles. p. 100.	Meubles. p. 100.	Immeubles. p. 100.	Meubles. p. 100.
1827-1831 .	65	35	45	55	60	40
1837-1841 .	63	37	45	55	58	42
1847-1851 .	61	39	49	51	58	42
1857-1861 .	57	43	46	54	54	46
1867-1871 .	54	46	45	55	52	48
1877-1881 .	53	47	45	55	51	49
1887-1891 .	50	50	40	60	49	51

Pour la dernière année connue (1891), les valeurs mobilières soumises à l'impôt se subdivisent ainsi (donations comprises) :

Valeurs mobilières.	Parts proportionnelles de l'annuité totale.
Fonds d'État français et étrangers . .	12 p. 100
Autres valeurs de Bourse françaises et étrangères.	32 —
Autres biens meubles (numéraire, créances, fonds de commerce, offices ministériels, marchandises, outillages industriels et agricoles, bétail, chevaux, voitures, bateaux, meubles meublants, vêtements, bijoux, objets d'art...). . . .	56 —
Ensemble.	100 p. 100

Les chiffres que nous venons de grouper montrent combien a été rapide, au xixe siècle, l'épanouissement de la richesse mobilière, puisque, représentant seulement vers 1830 un peu plus de la moitié de la richesse immobilière, elle semble arrivée à la dépasser aujourd'hui. A en juger par les valeurs taxées, l'augmentation, en soixante ans, aurait été de plus de 250 p. 100 pour les immeubles (3,158 millions en 1887-1891 contre 893 en 1827-1831) et de près de 600 p. 100 pour les meubles (3,300 millions en 1887-1891 contre 480 en 1827-1831).

Mais les proportions inscrites dans notre tableau n'indiquent pas encore d'une manière exacte la composition réelle de la richesse en France, parce que, outre les variations de la législation, les causes d'erreur que nous découvrions tout à l'heure dans les statistiques successorales n'affectent pas également les diverses natures de biens. Les dissimulations, par exemple, ne peuvent guère soustraire au contrôle fiscal que des valeurs mobilières.

Il y a donc lieu, pour serrer de plus près la vérité, d'interroger séparément ceux des éléments constitutifs de la richesse nationale dont l'importance peut nous être directement révélée par les enquêtes des administrations publiques ou par les recherches des spécialistes.

1° *Propriété non bâtie* (*terres*). — La valeur du sol cultivable, en France, après avoir beaucoup progressé pendant les trois premiers quarts du siècle et surtout pendant le troisième quart, tend depuis quinze ou vingt ans à décroître. En combinant les diverses sources d'information, nous avons cru pouvoir chiffrer ainsi la valeur moyenne de l'hectare depuis la Révolution :

En 1789.	500ᶠ	En 1862.	1,850ᶠ
En 1815.	700	En 1874.	2,000
En 1821.	800	En 1879.	1,830
En 1835.	1,000	En 1884.	1,785
En 1851.	1,275	En 1892.	1,700

Les moyennes indiquées pour 1851 et 1879 résultent des deux grandes enquêtes auxquelles l'administration des contributions directes procéda, à ces deux dates, en vue d'une évaluation nouvelle des revenus fonciers. Les résultats de la dernière enquête ont été sommairement revisés en 1884.

Aux 50,035,000 hectares imposables, l'enquête de 1879 attribuait une valeur totale de 91,584 millions de francs ; avec les superficies non imposables (2,822,000 hectares), on serait sans doute arrivé à 95 milliards environ. La révision de 1884 avait déjà réduit les 91 milliards 1/2 de 1879 à 89 milliards et aujourd'hui, toutes compensations faites, nous n'oserions pas compter pour l'ensemble de la propriété non bâtie, dans les 87 départements, plus de 85 milliards, dont 75 pour les terres des particuliers, sujettes à mutations par décès ou à donations [1].

2° *Propriété bâtie (maisons, usines, chantiers).* — L'administration des contributions directes, en 1887-1889, a soumis la propriété bâtie imposable à une enquête approfondie, qui a été le point de départ d'une importante réforme fiscale. Cette enquête visait directement les valeurs locatives et indirectement les valeurs vénales. La valeur vénale totale de la propriété bâtie imposable ressort à 49 milliards [2] et les bâtiments dits agricoles, que l'impôt foncier épargne, mais dont on a aussi supputé l'importance approximative, ajouteraient au moins 10 p. 100. En admettant que les évaluateurs aient eu, dans certaines régions, la main un peu large, on pourrait toujours conserver le chiffre de 55

---

1. Comme superficie, les propriétés des particuliers, sur 52,857,199 hectares, en représenteraient 45,025,598 (85.19 p. 100); voici les autres parts : État, 1,011,155 (1.91 p. 100); départements, 6,513 (0.01 p. 100); communes, 4,621,450 (8.74 p. 100); établissements divers, 331,598 (0.72 p. 100); propriétés non définies, 1,810,885 (3.43 p. 100). [*Enquête agricole de 1882*, publiée en 1888.]

2. Paris seul entre dans ce chiffre pour 11 milliards.

milliards pour la totalité des propriétés bâties, imposables ou non. Et sur ces 55 milliards, il y en aurait bien 50 à mettre au compte de la propriété privée, sujette à mutations par décès et à donations.

3° *Numéraire.* — Nous avons été amené, en utilisant les enquêtes périodiques de l'administration des finances (1878, 1885, 1891), à attribuer à la France, comme circulation métallique, 4 milliards d'or et 2 milliards 1/2 d'argent (valeur nominale), total: 6 milliards 1/2. Au 29 juin 1893, la Banque de France détient une part considérable de ce stock monétaire, 2,997 *millions* (or, *lingots compris, et argent*). Mais, d'autre part, elle a pour près de 3 milliards 1/2 de billets en circulation. En totalisant les espèces métalliques et les billets de banque, sans souci du double emploi, on arriverait ainsi à 10 milliards, dont 7 à l'état de circulation réelle. Seulement une grande partie de ce numéraire est absorbée par les sociétés de crédit, compagnies de chemins de fer, associations diverses. Et nous n'oserions pas supposer qu'il en est possédé pour plus de 4 milliards 1/2 à titre absolument privé.

4° *Valeurs mobilières (fonds d'État, actions et obligations).* — La multiplication des valeurs mobilières a été extraordinairement rapide en France depuis un demi-siècle. Notre dette publique représente, à elle seule, aux cours cotés, une trentaine de milliards et l'étranger ne détient aujourd'hui qu'une bien faible fraction de nos rentes. D'autre part, la taxe sur le revenu des valeurs mobilières,

en 1890, frappait près de 1,700 millions de revenus (1,693) dont :

	Revenus taxés, en millions de francs.
Actions des sociétés françaises.	636,4
Obligations françaises, emprunts départe-mentaux et communaux.	814,6
Actions étrangères	60,8
Obligations	70,1
Ensemble	1,581,9

Pour 1891, c'est plus encore : 1,778 millions et,
avec les taux de capitalisation actuels, on ne peut
guère supposer aux titres qui produisent cet énorme
revenu une valeur en capital de moins de 30 à 35
milliards.

En ajoutant aux 60 ou 65 milliards déjà relevés
la valeur des rentes étrangères qu'épargne la taxe
proportionnelle et celle des titres étrangers possédés par des Français qui évitent cette taxe en
restant hors de France, on arrive bien à 75 ou
même 80 milliards. Ce dernier chiffre a été proposé et défendu, à diverses reprises, par M. A.
Neymarck, dont l'autorité en ces matières est
grande. La part des portefeuilles individuels, dans
ce respectable total, ne semble pas devoir être
réduite à moins de 70 milliards.

5° *Outillage agricole, bétail, chevaux.* — Voilà
encore un élément de la richesse nationale qu'on
peut apprécier directement. L'enquête agricole de
1882, publiée en 1888, l'évaluait à 9 milliards, non
compris les chevaux qui servent à d'autres travaux

que ceux de l'agriculture. On peut donc hardiment dire 10 milliards, même en se bornant aux fortunes individuelles.

6° Il resterait à chiffrer : les créances diverses autres que celles dont nous avons déjà fait état; l'outillage et le matériel des industries et commerces de toutes sortes; les marchandises en magasins, la valeur des fonds de commerce, des offices ministériels et autres, clientèles...; enfin les meubles meublants, argenterie, bijoux, vêtements, objets d'art, collections, etc., dont il ne semble pas qu'on risque d'exagérer la valeur en la supposant égale à deux fois la valeur locative des habitations.

Tout compris, nous considérons comme vraisemblable la décomposition suivante du montant total des fortunes privées, des *fortunes successibles :*

	Milliards de francs.
Propriété non bâtie (terres)	75
Propriété bâtie (maisons et usines).	50
Numéraire.	5
Valeurs mobilières.	70
Outillage agricole, bétail, chevaux.	10
Autres éléments de la richesse mobilière, déduction faite de ceux qui feraient double emploi avec les valeurs immobilières.	15
Total.	225

En prenant, pour chaque rubrique, l'évaluation brute qu'elle comporte dans la richesse totale, collective ou privée, on arriverait à un chiffre notablement supérieur; mais il y aurait alors, ainsi

que nous l'avons expliqué plus haut, d'importantes
défalcations à effectuer pour cause de doubles emplois (à commencer par la dette publique) et on
retomberait vraisemblablement, comme total net, à
moins de 225 milliards.

RÉPARTITION GÉOGRAPHIQUE DE LA RICHESSE EN CAPITAL.

La distribution de la richesse, dans un pays
comme la France, est forcément très inégale, d'une
région à l'autre. Nous ne pouvons, à cet égard, que
renvoyer le lecteur à l'examen des cartes placées
en tête des deux *Atlas de statistique financière*
qu'a publiés le Bureau de statistique du ministère
des finances en 1881 et 1889 [1].

Les valeurs annuellement transmises par successions et donations s'y trouvent réparties entre les
87 départements : 1° par hectare ; 2° par tête d'habitant.

Pour la période 1885-1887, par exemple, on voit
la moyenne par hectare varier de 30.4 millions
(Seine) à 14 fr. (Hautes-Alpes), et la moyenne par
tête varier de près de 500 fr. (Seine) à 54 fr. (Cor-
rèze). L'influence des grandes villes est prépondé-
rante, comme on devait bien le penser, en ce qui
concerne la localisation de la richesse.

1. Voir aussi Ad. Coste, *Étude statistique sur la richesse
comparative des départements de la France,* communi-
cation faite à la Société de statistique de Paris le 19 novembre 1890.

LES REVENUS EN FRANCE.

ÉVALUATIONS COLLECTIVES.

Le revenu national, tel que nous le concevons ici, est tout simplement le total des revenus individuels ; c'est, en France, l'ensemble des ressources dont disposent annuellement, pour leurs besoins courants, pour leurs plaisirs ou pour l'épargne, les 38 ou 38 millions 1/2 d'individus qui, groupés ou non en ménages, en familles, forment la population française.

Dans la plupart des cas, c'est une notion très claire que celle du revenu individuel. Quelquefois, cependant, il peut y avoir doute et les observations suivantes ne nous semblent pas superflues :

1° Le revenu d'un commerçant ne comprend pas, à beaucoup près, toutes les recettes encaissées par lui, mais seulement la portion de ces recettes qui lui reste pour son usage particulier quand il a payé toutes les dépenses nécessitées par son commerce.

2° Les revenus en nature sont des revenus ; et, par conséquent, une famille qui vivrait du produit de son champ, sans recevoir d'argent et sans en dépenser, ne serait pas une famille sans revenu : son revenu aurait pour mesure la valeur des produits annuellement consommés. En fait, beaucoup de Français, surtout à la campagne, sont propriétaires de la maison qu'ils habitent, et, en ce cas, la valeur locative de leur habitation doit être considérée comme faisant partie de leur revenu.

Ajoutons que, très généralement, le revenu d'une famille ou d'un particulier se compose de morceaux détachés des revenus d'autrui. Le rentier qui achète du pain procure au boulanger un bénéfice, c'est-à-dire une parcelle de revenu ; le boulanger qui achète un habit contribue de même à la formation du revenu du tailleur... Le même sou, le même franc peut, la même année, se trouver compté dans le revenu de cent familles différentes.

Le revenu national, ainsi défini, n'est pas aisé à déterminer.

La plupart des statisticiens qui, depuis une centaine d'années, se sont exercés à ce genre de supputations, ont interrogé séparément les revenus fonciers ou les revenus mobiliers.

Le revenu foncier net, terres et maisons, a été officiellement évalué à 1,440 millions en 1791, à 1,580 millions en 1821, à 2,643 millions en 1851, à 3,216 millions en 1862, à 4,049 millions en 1874 ; et les deux dernières enquêtes de l'administration des contributions directes, celle de 1879 (revisée en 1884) sur la propriété non bâtie, et celle de 1889 sur la propriété bâtie portent ce revenu net imposable à 4,671 millions (2,581 pour les terres et 2,090 pour les maisons, non compris les bâtiments purement agricoles). Rappelons seulement que ces totaux comprennent, avec les biens des particuliers, ceux des départements, des communes, des hospices et hôpitaux, des sociétés, etc.

Pour les revenus mobiliers, nous n'avons à mentionner, en ce qui concerne le passé, que des calculs individuels, de mérite inégal.

Delai d'Agier, en 1791, croyait les revenus mobiliers des Français comparables, comme quotité, à leurs revenus fonciers et les chiffrait à 1,050 millions, dont 400 millions d'intérêts de capitaux, rentes et autres, et 300 millions de salaires publics.

Poussielgue, en 1817, disait 2,130 millions.

En 1848, M. Goudchaux, auteur d'un projet d'impôt sur le revenu, admettait l'existence de 3 ou 4 milliards de revenus mobiliers.

Après lui, M. Hippolyte Passy (projet de loi de 1849) raisonnait sur un chiffre total, revenus mobiliers et immobiliers, de 6 milliards, mais il déclarait cette évaluation très atténuée. Et sous Louis-Philippe, en effet, on disait généralement 6 ou 10 milliards [1].

M. Édouard Vignes, en 1872, comptait 8,169 millions de revenus mobiliers, dont 1,734 millions d'intérêts de capitaux, 2,000 de profits industriels, 900 de salaires du travail intellectuel, et 3,535 de salaires du travail manuel.

A la même époque, dans un article publié par la *Revue des Deux-Mondes* (janvier 1849), M. Cochut arrivait à 3,137 millions de revenus mobiliers, savoir : bénéfices industriels et commerciaux, 1,555 millions ; revenus des offices ministériels et pro-

1. Voir Vidal, *De la Répartition des richesses*, 1846.

fessions libérales, 364; traitements, pensions et rétributions, 454; rentes des capitaux placés sur l'État ou dans des entreprises particulières, 1,764. Le même auteur, dans un travail de 1859, portait le revenu total des Français à 16 milliards.

M. de Parieu, vers le même temps, exprimait l'opinion que, non compris les salaires, les revenus mobiliers provenant de capitaux devaient avoir une importance comparable à celle des revenus fonciers.

Après les désastres militaires et financiers de l'année terrible, la question s'est posée devant les pouvoirs publics toutes les fois qu'on a songé à introduire en France une sorte d'*income tax*.

Le 22 décembre 1871, à l'Assemblée nationale, au cours d'une discussion restée célèbre, M. Wolowski garantissait, après déduction de tous les revenus inférieurs à 1,200 fr., un minimum de 6 à 7 milliards de revenus imposables : « revenus sur la production générale de l'industrie, du travail sous toutes ses formes, de la richesse déjà acquise, ... »

Le même jour, M. Teisserenc de Bort, combattant le projet que défendait M. Wolowski, disait : « Les travaux des statisticiens les plus autorisés évaluent le revenu total de la France, salaires compris, entre 10 et 12 milliards — les plus hardis disaient 15 milliards avant nos désastres — et le revenu de l'Angleterre entre 22 et 25 milliards. »

Comme revenu total, M. Wolowski admettait, un peu plus tard, une probabilité de 20 à 22 milliards, et M. Rouvier, dans son discours du 3 février 1874, tout en reprenant pour son propre compte l'évaluation de M. Cochut en 1859 (16 milliards), tendait à justifier, par d'ingénieux rapprochements entre la France et l'Angleterre, celle de M. Wolowski.

En rapprochant ces diverses données, on voit que les hommes les mieux qualifiés pour de telles recherches hésitaient, il y a vingt-cinq ans, à nous attribuer plus de 15 milliards de revenu, tout en constatant que la richesse générale avait fait, depuis le premier Empire, d'énormes progrès[1], progrès que la dépréciation des métaux monétaires tendait, d'ailleurs, à faire paraître plus considérables encore. Au lendemain de nos désastres, les évaluations flottaient encore entre 10 et 20 ou 22 milliards.

Mais, bientôt après, la France, malgré les pertes subies, voyait sa richesse s'affirmer de cent côtés à la fois et c'est, depuis dix ans, entre 20 et 30 milliards qu'oscillent d'ordinaire les évaluations des statisticiens. Quelques-unes restent en deçà, comme celle de M. Ballue[2] (8 milliards) et celle de M. Peytral[3] (16 milliards), ou vont au delà, comme celle de M. Cochut[4], qui, en 1883, se laissait entraîner, par

---

1. « Il est prouvé, écrivait Troplong au milieu du siècle (*Petits Traités*, p. 63), que depuis cinquante ans la richesse nationale a quintuplé en France. D'un autre côté, la population ne s'est accrue que de moitié. »

2. Voir Ballue, rapport du 26 novembre 1883 sur la réforme de l'assiette de l'impôt (Chambre des députés, n° 1314).

3. Voir le projet de loi du 30 octobre 1838, annexes.

4. Voir dans la *Revue des Deux-Mondes* du 1er décembre 1883, l'*Enchérissement des marchandises et des services.*

un théorème illusoire, à dire 36 milliards, après avoir dit 16 en 1859. Ces solutions extrêmes du problème s'expliquent, dans un cas comme dans l'autre, par les conditions pour ainsi dire fictives dans lesquelles on a opéré.

En effet, les méthodes que les différents auteurs ont suivies pour arriver à déterminer le revenu national varient singulièrement; et, à vrai dire, nous ne croyons pas qu'il existe un moyen sûr d'y réussir.

Un des procédés qui ont été suggérés consiste à chercher le rapport existant entre le revenu et la production agricole, industrielle, etc., d'un pays; mais ce rapport même est malaisément saisissable et les vues de M. Block, celles de M. le duc d'Ayen, et celles de M. Cochut, sur ce point, sont loin d'être les mêmes. D'ailleurs, c'est aussi chose difficile que de bien chiffrer la production nationale, produit brut et produit net. Il a été quelquefois mis en circulation, à cet égard, des évaluations extraordinaires : exemple, celle de M. le Trésor de la Rocque, ancien conseiller d'État, qui, pour les besoins de la cause protectionniste, en 1891, amenait au bout d'une longue addition où les doubles emplois les plus manifestes alternaient avec les quiproquos les plus inattendus, un total de 37 milliards, savoir : produits agricoles ou mixtes, 26 milliards, et produits industriels, 11 milliards.

M. E. Levasseur n'a pas eu de peine à démontrer, dans une savante réfutation, que pour l'agriculture notamment, les évaluations de M. le Trésor de la Rocque étaient plus que fantaisistes [1].

Pour nous, le meilleur moyen d'arriver à des données sérieuses sur la consistance du revenu national est de procéder par voie d'approximations successives.

Tout d'abord, nous sommes en mesure d'affirmer que les revenus fonciers approchent de 5 milliards et que les capitaux mobiliers ont aujourd'hui une productivité non seulement égale, mais supérieure à celle des valeurs immobilières. Voilà donc un minimum d'une dizaine de milliards pour les revenus provenant de la richesse acquise. D'autre part, il est certain, pour quiconque a la notion des conditions d'existence du plus grand nombre, que les profits personnels dans l'agriculture, l'industrie, l'art et le commerce, les traitements, les salaires, etc., contribuent au moins autant que les produits du capital à fournir au peuple français ses moyens d'existence. Le revenu national ne saurait donc, à l'heure présente, être supposé inférieur à 20 milliards.

Pour faire un pas de plus, interrogeons l'impôt, qui nous offre, à son tour, un moyen d'investigation ou de contrôle. M. P. Leroy-Beaulieu, dans la préface de la 3e édition de son *Traité de la science des finances*, cherchait à se rendre compte du rapport existant, aux divers degrés de l'échelle so-

5. Voir aussi dans *l'Économiste français* du 11 avril 1891, notre article : *la Consommation nationale et l'exportation.*

ciale, entre le revenu des contribuables et le tribut payé au fisc (y compris les tabacs, la poste, etc..., y compris aussi les taxes départementales et communales). Pour une famille d'ouvriers parisiens, il arrivait à 10.8 p. 100. Pour un millionnaire (80,000 fr. de rentes), il trouvait 13 ou 17 p. 100 selon la composition de sa fortune (meubles ou immeubles). Tout considéré, il y a lieu de penser que le taux moyen de la taxation, en France, s'éloigne peu de 15 p. 100.

Or en 1892, les perceptions fiscales de l'État, en France, atteignent 2,780 millions de francs ; celles des départements, 165 ; celles des communes, 530 au moins, total: 3,475 millions, ou à peu de chose près, 3 milliards 1/2 [1]. Il faudrait que ces 3 milliards 1/2 représentassent moins de 12 p. 100 du revenu national pour que ce revenu pût dépasser 30 milliards ; il faudrait qu'ils représentassent plus de 17 p. 100 du revenu national pour que ce revenu pût être inférieur à 20 milliards.

Le revenu national doit donc être compris, ainsi qu'on l'admet généralement, entre 20 et 30 milliards.

On ne peut pas être loin de la vérité en disant 25 milliards.

1. Voir l'exposé des motifs du projet de budget de 1893 ou le *Bulletin de statistique du ministère des finances* d'avril 1892, p. 470.

RÉPARTITION DES REVENUS PAR NATURES.

Plusieurs de ceux qui, dans le passé, ont essayé d'évaluer le revenu national, ont procédé par voie d'inventaires détaillés. Nous nous bornerons ici à rappeler les données officielles ou officieuses les plus récentes [1].

Les notes fournies en 1885 à la commission parlementaire de la réforme de l'assiette de l'impôt contenaient les estimations suivantes [2] :

	Revenu net.
Propriétés non bâties	2,646 millions de fr.
Propriétés bâties.	2,200 —
Valeurs mobilières taxées	1,595 —
Créances hypothécaires et chirographaires	500 —
Dette perpétuelle de l'État[1]	740 —
Dette amortissable[1]	106 —
Dette viagère	192 —
Ensemble	7,979 —

1. On suppose ici toute la dette française possédée par des Français, ce qui n'est pas exact ; par contre, on ne tient pas compte des fonds d'État étrangers possédés par des Français, ces fonds ne payant pas la taxe de 3 p. 100 (aujourd'hui 4 p. 100).

Ce premier groupe de revenus monterait donc, en arrondissant le total, à 8 milliards, et certains chiffres y devraient être majorés. Par contre, n'est-ce pas faire double emploi que d'additionner le revenu

1. Voir le rapport déjà cité de M. Balluc et celui de M. Yves Guyot, du 14 octobre 1886, concernant l'impôt sur le revenu, n° 1130.
2. Parmi les travaux plus anciens, il convient au moins de rappeler ici l'*Essai comparatif sur la formation et la distribution du revenu de la France en 1815 et 1835* de J. Dutens, 1842.

des créances hypothécaires avec celui des propriétés hypothéquées? Nous savons aussi qu'il y a des cas où les valeurs mobilières atteintes par la taxe proportionnelle représentent, en fait, des immeubles.

Il resterait à ajouter aux chiffres précédents une quinzaine de milliards de salaires, fruit du travail individuel ou de revenus mixtes comme ceux des patentés.

Les revenus nets des patentés, d'après les évaluations de l'administration des contributions directes, ne doivent pas s'éloigner beaucoup de 3 milliards. Et pour les salariés même les plus humbles, ouvriers agricoles ou industriels, on peut presque compter autant de milliards de revenu qu'ils sont de millions. C'est par centaines de millions que se chiffrent les revenus des médecins, des notaires, des hommes de loi[1]. Ceux des fonctionnaires et employés civils de l'État, des départements, des communes, montaient déjà en 1886 à plus d'un demi-milliard[2], pensions de retraites non comprises.

1. Voir, sur ce point, dans le *Bulletin de statistique du ministère des finances* d'avril 1892, p. 524, les curieuses révélations de M. Goschen, chancelier de l'Échiquier.

2. Voici les chiffres communiqués, à cette époque, à la Chambre des députés :

	Nombre d'agents.	Sommes payées.
État (non compris les instituteurs).	204,242	322,861,000ᶠ
Départements	8,677	15,590,000
Communes (y compris les instituteurs)	247,943	210,580,000
	460,862	549,031,000ᶠ

CLASSIFICATION DES REVENUS PAR IMPORTANCE.

Si la détermination du montant total des revenus est malaisée en France, la classification de ces revenus par importance est plus difficile encore et, si l'on nous demandait d'esquisser « la pyramide des fortunes », à l'instar de la « pyramide des âges », nous serions bien embarrassé.

Tout ce que nous savons de la pyramide des fortunes, c'est que ce n'est pas même une pyramide, car les grosses fortunes sont infiniment moins nombreuses que les moyennes et les fortunes moyennes sont infiniment moins nombreuses que les petites. Il en est ainsi dans tous les pays et la disproportion est encore moindre chez nous que chez certains peuples voisins. En outre, la disproportion tend plutôt à diminuer qu'à s'accroître. Rien de moins exact que la formule connue : « Les riches deviennent chaque jour plus riches et les pauvres chaque jour plus pauvres. » C'est le contraire qui est vrai : il y a « tendance à une moindre inégalité des conditions », et M. P. Leroy-Beaulieu[1]

1. Voir son *Essai sur la répartition des richesses*, 2e édition, 1883. Voir aussi, dans l'*Économiste* du 23 janvier 1892, son article sur *la lenteur de l'accroissement de la fortune des classes aisées et opulentes en France*. Les conclusions de M. Leroy-Beaulieu ne sont pas atteintes par l'exorbitante croissance de quelques fortunes individuelles. — Sur ce point, on peut consulter A. de Foville, *le Morcellement*, p. 217, et de Varigny, *les Grandes Fortunes aux États-Unis et en Angleterre*, 1889. M. de Varigny admet que les fortunes de plus

en France, M. Goschen[1] en Angleterre en ont convaincu tous les hommes de bonne foi. Mais il y aura toujours, par la force des choses, beaucoup plus de pauvres que de riches.

Parmi les publicistes qui ont essayé de classer par importance les fortunes françaises (revenus), nous ne citerons que pour mémoire le géographe Balbi dont les évaluations fantaisistes datent au moins d'un demi-siècle, et M. J. Paysant qui, dans un journal socialiste[2], leur opposait, il y a quelques années, une statistique dont il laissait à ses lecteurs le soin de vérifier l'exactitude, n'y ayant pas sans doute réussi lui-même. Les évaluations formulées « sous toutes réserves » par M. le duc de 25 millions de francs peuvent être au nombre de 700, dont 200 en Angleterre; 100 aux États-Unis; 100 en Allemagne, Autriche-Hongrie comprise; 75 en France; 50 en Russie; 50 dans l'Inde, etc. Les documents plus ou moins authentiques sur lesquels se base M. de Varigny, mettaient au premier rang des Crésus modernes les noms suivants:

Noms.	Nationalités.	Capital.	Revenu.
		Millions.	Millions.
Jay Gould	Américain.	1,375	70
J. W. Mackay	Id.	1,250	62
Rothschild	Anglais.	1,000	50
C. Vanderbilt	Américain.	625	31
J. P. Jones	Id.	500	25
Duc de Westminster. . . .	Anglais.	400	20

Astor, qui vient de mourir, après Vanderbilt et Jay Gould, avait bien aussi son demi-milliard, sinon plus. L'*Annuaire des millionnaires américains* (1 million de dollars ou plus), publié récemment par la *New-York Tribune*, compte 4,107 noms !

1. Voir le *Bulletin de statistique du ministère des finances* de février 1888, p. 172.

2. Voir la *Ligue nationale du droit des travailleurs à la retraite*, n° 2, décembre 1882.

d'Ayen [1] en 1875 portaient seulement sur les revenus autres que ceux du commerce et du travail. Il les chiffrait à 4 milliards (4,080 millions) et les partageait entre 2 millions 1/2 de familles (2,411,290) : 31,290 familles auraient, sans commerce ni travail, plus de 25,000 fr. de revenu (en tout 1.090 millions) ; 380,000 familles auraient de 1,500 fr. à 25,000 fr. de revenu (en tout 1,490 millions) ; enfin 2 millions de familles auraient de 100 à 1,500 fr. de revenu (en tout 1 milliard). Nous ne reproduisons pas les subdivisions dont ces chiffres sont l'objet dans le tableau de M. le duc d'Ayen. La philosophie qui se dégage de ses études d'économie sociale nous paraît plus sûre que sa statistique.

M. Leroy-Beaulieu a consacré tout un chapitre de son *Essai sur la répartition des richesses* (le chapitre XIX) à l'examen des principaux documents statistiques au moyen desquels on peut se faire une idée de cette répartition dans différents pays.

En ce qui concerne la France, M. Leroy-Beaulieu, n'ayant plus pour se guider l'impôt sur le revenu (*income-tax, Einkommensteuer* ou autre), a concentré ses recherches sur Paris. Il estimait que les statistiques de l'impôt mobilier « interprétées avec sagacité et circonspection » permettent de distribuer comme il suit les revenus de la population parisienne :

1. Voir dans le *Journal des Économistes* de mai 1875, p. 278, *Estimation de la richesse en France et en Angleterre*. Voir aussi, du même auteur: *Revenu, salaire et capital, leur solidarité*, 1872.

	Répartition proportionnelle.	
	francs.	p. 1,000.
421 revenus dépassant. .	266,000	0.65
1,413 revenus variant de. .	260,000 à 133,000	2.35
3,049 revenus variant de. .	133,000 à 70,000	5
9,985 revenus variant de. .	70,000 à 32,000	15
21,453 revenus variant de. .	32,000 à 12,000	31
6,198 revenus variant de. .	12,000 à 10,000	9
17,202 revenus variant de. .	10,000 à 7,500	25
21,147 revenus variant de. .	7,500 à 6,000	31
61,083 revenus variant de. .	6,000 à 4,000	89
74,360 revenus variant de. .	4,000 à 2,400	103
468,641 revenus inférieurs à .	2,400	684

La statistique des chevaux et voitures, d'une part, celle des inhumations, d'autre part, ne semblent pas contredire cette répartition approximative.

Dans la France entière, M. Leroy-Beaulieu ne croit pas qu'il existe plus de 700 ou 800 personnes ayant 250,000 fr. de rentes ou davantage ; ni plus de 18,000 à 20,000 revenus compris entre 50,000 et 250,000 fr.

Il exprime aussi, dans son *Traité de la science des finances* (5e édition), l'opinion que « les trois quarts de la fortune accumulée et probablement plus des quatre cinquièmes de l'ensemble du revenu national sont aux mains d'ouvriers, de paysans, de petits bourgeois, de petits rentiers ».

On pourra rapprocher de ces évaluations les résultats fournis en Angleterre et en Allemagne par la taxation directe des revenus.

PAYS ÉTRANGERS.

OBSERVATIONS PRÉLIMINAIRES.

Les évaluations dont la richesse publique a pu
être l'objet dans certains pays étrangers visent
tantôt le capital et tantôt le revenu, selon les
données fiscales ou autres mises à la disposition de
la statistique locale. Le même éclectisme s'impose
ici. Il n'y a au monde que M. Mulhall qui soit
homme à chiffrer méthodiquement, dans un tableau
d'une parfaite symétrie, la fortune de tous les États
civilisés, en y faisant la part de chaque nature de
biens : terres, bétail, maisons, mobiliers, chemins
de fer, navires, marchandises, métaux précieux,
valeurs diverses. La plupart des indications numé-
riques contenues dans ce tableau étant purement
conjecturales, ce sera faire déjà beaucoup d'hon-
neur au *Dictionary of statistics* que de reproduire,
à titre de curiosité, ses estimations finales, sans
les décomposer [1] :

1. En 1828, l'*Almanach de Gotha* se hasardait à chiffrer
le revenu moyen par tête d'habitant des divers États de
l'Europe. M. Camille Pelletan, dans son rapport du 22 novembre 1890 sur la situation financière de la France, a
exhumé quelques-unes de ces fantaisistes évaluations :
Grande-Bretagne, 625 fr.; France, 325 fr.; Prusse, 170 fr.;
Autriche, 100 fr. Un demi-siècle plus tard, M. Mulhall, dans
the Progress of the world, improvisait comme suit les
mêmes inconnues : Royaume-Uni, 820 fr.; France, 625 fr.;
Allemagne 425 fr.; Autriche-Hongrie, 300 fr.

Pays.	Richesse totale en 1888.	Moyenne par tête en 1888.
Royaume-Uni	235,000,000,000ᶠ	6,175ᶠ
France.	215,000,000,000	5,600
Allemagne.	161,000,000,000	3,500
Russie.	127,000,000,000	1,375
Autriche-Hongrie	96,000,000,000	2,475
Italie.	74,000,000,000	2,500
Espagne	63,000,000,000	3,700
Portugal.	10,000,000,000	2,175
Suède	16,000,000,000	3,125
Norwège	6,000,000,000	3,050
Danemark	10,000,000,000	5,750
Pays-Bas	24,500,000,000	5,400
Belgique.	25,000,000,000	4,175
Suisse	12,000,000,000	4,125
Roumanie	15,000,000,000	2,750
Serbie	5,500,000,000	2,700
Grèce	7,500,000,000	4,050
Bulgarie.	5,000,000,000	1,750
Turquie	15,000,000,000	3,000
Europe.	1,122,500,000,000ᶠ	3,250ᶠ
États-Unis d'Amérique . .	321,000,000,000	5,250
Canada	25,000,000,000	4,900
République argentine . .	13,000,000,000	3,125
Australie.	34,000,000,000	9,250
Colonie du Cap	3,500,000,000	325
Total et moyenne générale	1,519,000,000,000ᶠ	3,600ᶠ

Il y a là des hypothèses bien invraisemblables,
mais nous ne nous attarderons pas à les discuter.

ANGLETERRE (ROYAUME-UNI).

L'Angleterre est devenue, malgré l'exiguïté de
son territoire, le pays le plus riche de l'Europe et
il n'y a que la France qui, comme capital, lui soit
presque comparable.

Voici, avec leurs dates respectives et les noms

de leurs auteurs, une série d'évaluations plus ou
moins autorisées, remontant jusqu'au dix-septième
siècle :

Auteurs.	Dates.	Richesse totale en milliards de francs.	
Petty.	1660	6	Angleterre et pays de Galles.
Davenant. . . .	1703	12	Idem.
Young.	1774	27,5	Idem.
Beeke Eden . .	1900	43,5	Grande-Bretagne.
Colquhoun. . .	1812	55	Royaume-Uni.
Lord Liverpool.	1822	65	Idem.
Pablo Pebrer. .	1833	94	Idem.
Porter	1840	102,5	Idem.
Leone Levi. . .	1860	150	Idem.
Robert Giffen. .	1865	153	Idem.
Robert Giffen. .	1875	214	Idem.
Robert Giffen. .	1885	251	Idem.
La Trésorerie .	1886	235	Idem.

C'est M. Giffen, directeur de la statistique au
Board of trade, qui a apporté le plus de suite et de
méthode à la solution du problème. Il prend, dans
les rôles de l'*income-tax*, les divers revenus impo-
sés ; il y ajoute, par voie de supputations motivées,
les revenus exemptés par la loi ou dissimulés par
les contribuables, et il capitalise le tout (non sans
quelque incertitude quant au taux de capitalisation).
A l'heure actuelle, le mode d'évaluation pratiqué
par M. Giffen donnerait vraisemblablement de 260 à
270 milliards de capital, non compris les fonds publics.

Pour 1885, voici comment l'auteur subdivisait
son évaluation :

		Revenus.	Taux de capitalisation.	Capitaux.
Richesse immobilière.	Terres.	1,626,000,000 f	26	42,283,000,000 f
	Maisons	3,211,500,000	15	48,172,000,000
	Divers.	22,000,000	30	658,000,000
Total.		4,859,500,000 f		91,113,000,000 f
Exploitations agricoles.		1,631,000,000	8	13,047,000,000
Fonds publics autres que les fonds de l'État		527,500,000	25	13,185,000,000
Valeurs étrangères et coloniales.		246,500,000	20	4,930,000,000
Chemins de fer anglais.		832,000,000	28	23,289,000,000
Chemins de fer au dehors		95,000,000	20	1,904,000,000
Mines, usines, canaux, distributions d'eau, pêcherie, marchés, etc., etc.		1,627,000,000	Divers.	29,490,000,000
Commerces et professions taxés		902,500,000	15	13,536,000,000
Total.		10,721,000,000 f		190,494,000,000 f
Commerces et professions exempts de l'impôt		204,000,000	15	3,067,000,000
Capitaux possédés par les personnes exemptes de l'impôt.		1,675,000,000	5	8,375,000,000
Placements étrangers non taxés		1,250,000,000	10	12,500,000,000
Mobiliers, collections, etc..		»	»	24,000,000,000
Domaines publics		»	»	12,500,000,000
Total général		13,850,000,000 f		250,936,000,000 f

Il faut remarquer que les propriétés domaniales entrent dans ce total de 251 milliards pour 12 milliards et demi.

Nous regrettons de ne pouvoir reproduire, en même temps que ces chiffres, les intéressants commentaires dont ils sont accompagnés dans le savant travail de M. Giffen.

M. Mulhall se représente comme il suit l'échelle des fortunes privées dans le Royaume-Uni :

Classes.	Ménages [1].	Fortune moyenne du groupe.	Fortune totale par groupe.
Millionnaires. .	700	21,375,000ᶠ	15,000,000,000ᶠ
Très riches. . .	9,650	4,750,000	46,000,000,000
Riches.	148,250	662,500	98,000,000,000
Aisés.	730,500	80,000	58,000,000,000
Ayant quelque peine à vivre.	2,008,000	8,500	17,000,000,000
Pauvres	3,916,900	»	»
Totaux. . .	6,814,000	»	234,000,000,000ᶠ

1. Cinq personnes et demie en moyenne.

Mais les bases mêmes du calcul sont vicieuses et l'erreur qu'elles impliquent est de nature à exagérer encore la concentration, déjà si grande, de la richesse anglaise. M. Goschen, naguère chancelier de l'Echiquier, a établi que les petites fortunes sont celles qui se multiplient le plus en Angleterre [1]. La même conclusion se dégage, en ce qui concerne les profits industriels et commerciaux (cédule D de l'*income-tax*), des classifications aux-

1. Voir le *Bulletin de statistique du ministère des finances* de février 1888.

quelles a procédé à certaines époques l'administration anglaise[1].

On a vu que M. Giffen évalue à 14 milliards de
francs environ les revenus que le peuple anglais
tire de ses capitaux. Avec les produits du travail
personnel, on arriverait certainement, comme revenu
total, fort au delà de 30 milliards[2].

BELGIQUE.

En 1880, M. le ministre Malou évaluait la richesse
immobilière de la Belgique à 11 milliards (propriété bâtie, 3.4; propriété non bâtie, 7.5) non
compris les immeubles exempts de l'impôt foncier.
Un professeur de l'Université de Louvain, M. Mos-
salski, avait, en 1878, tenté l'évaluation directe de
la fortune totale du pays et il arrivait à 30 milliards, chiffre souvent réédité depuis lors. M. Graux
le croit au-dessous de la vérité et dirait au moins
34 milliards. M. Beernaert, ministre des finances, a
meilleure opinion encore de la richesse de son
pays et il nous semble qu'il n'a pas tort[3].

1. Voir le *Bulletin de statistique du ministère des finances* de novembre 1886.
2. M. Paul Leroy-Beaulieu disait déjà 28 milliards en
1878.
3. Voir le compte rendu de la séance de la Chambre des
représentants du 8 mars 1892 (p. 741). Le chiffre de 34 milliards est celui qui, au prorata des populations, correspond au chiffre de 210 milliards proposé par nous pour la
France il y a quelques années.

PAYS-BAS.

Pour les Pays-Bas, nous avons les savantes recherches de M. Boissevain, utilisées par M. Pierson, ministre des finances, dans son projet d'impôt sur la fortune[1]. Une statistique officielle de 1880 chiffrait la propriété immobilière à 11.4 milliards de francs (8.2 pour la propriété non bâtie et 3.2 pour la propriété bâtie). En 1892, le ministre, eu égard à la baisse des fermages, ne compte plus que 4.4 milliards pour la propriété non bâtie (20 fois le revenu imposable), et la richesse immobilière totale se réduit à 7.7 milliards.

Pour la richesse immobilière, en appliquant au capital existant la proportion qui ressort des successions déclarées, on arrive à 14.3 milliards.

La richesse totale serait donc ici de 22 milliards.

ALLEMAGNE.

M. Mulhall suppose que la richesse de l'Allemagne, évaluée en capital à 142 milliards de francs, peut se partager comme il suit entre les diverses parties de l'Empire : Prusse, 85,500 millions (60.3 p. 100) ; Bavière, 16,600 millions (11.7 p. 100) ; Saxe, 9,400 millions (6.6 p. 100); Wurtemberg, 6,100 millions (4.3 p. 100); Bade, 4,800 millions

1. Voir le *Bulletin de statistique du ministère des finances* d'octobre 1892.

(3.4 p. 100); et autant pour l'Alsace-Lorraine ; Hesse, 3 milliards (2.1 p. 100), etc.

Les revenus de la Prusse et de la Saxe sont mieux connus que leur richesse en capital, grâce à l'*Einkommensteuer*. Le regretté Dʳ Sœtbeer avait étudié avec beaucoup de soin et de sagacité les statistiques de cet impôt et nous allons extraire de ses mémoires quelques données récapitulatives.

Prusse. — Voici les évaluations de M. Sœtbeer pour la Prusse :

Années.	Nombre de revenus.	Montant total des revenus.	Revenu moyen.	Moyenne par tête.
1876.	8,467,076	9,800,000,000ᶠ	1,160ᶠ	395ᶠ
1879.	8,890,257	10,100,000,000	1,136	387
1882.	9,205,205	10,400,000,000	1,127	387
1885.	9,434,864	10,900,0.0,000	1,154	396
1888.	9,915,739	11,700,000,000	1,176	411
1890.	10,207,892	12,400,000,000	1,216	427

Voici comment le savant professeur de Göttingue décompose ses évaluations totales.

Il divise les revenus, tels que le fisc les chiffre, en six groupes :

Groupe A. — Revenus inférieurs à 525 fr.
Groupe B. — Revenus de 525 à 2,062 fr.
Groupe C. — Revenus de 2,032 à 6,000 fr.
Groupe D. — Revenus de 6,000 à 21,000 fr.
Groupe E. — Revenus de 21,000 à 105,000 fr.
Groupe F. — Revenus de plus de 105,000 fr.

Pour tenir compte des dissimulations des contribuables, l'auteur ajoute en moyenne 25 p. 100 aux revenus des cinq premiers groupes et 10 p. 100 aux revenus du groupe F.

Ceci posé, reproduisons les résultats obtenus pour 1890.

D'abord la classification des personnes :

Groupes de revenus.	Nombre des revenus.	Proportions p. 100.	Nombre de personnes.	Proportions p. 100.
Groupe A	4,094,428	40.11	8,383,359	28.82
Groupe B	5,517,828	54.05	18,562,145	63.81
Groupe C	490,541	4.81	1,778,155	6.12
Groupe D	91,512	0.90	317,193	1.09
Groupe E	12,521 }	0.13 }	43,400 }	0.16
Groupe F	1,062 }		3,681 }	
Ensemble . .	10,207,892	100.00	29,087,933	100.00

Puis la classification des revenus eux-mêmes :

Groupes de revenus.	Montant total des revenus.	Proportions p. 100.	Revenu moyen.	Moyenne par tête.
Groupe A	2,059,000 f	16.6	502 f	246 f
Groupe B	6,388,000	51.5	1,160	345
Groupe C	1,991,000	16.0	4,060	1,120
Groupe D	1,103,000	8.9	12,050	3,475
Groupe E	593,000	4.8	47,325	13,785
Groupe F	274,000	2.2	258,485	74,580
Ensemble . . .	12,408,000 f	100.0	1,216 f	427 f

Le tableau suivant présente le mouvement des groupes D, E, F, avec les majorations que leur fait subir l'auteur :

Années.	GROUPE D.	
	Revenus de 7,500 à 25,000 fr.	
	Nombre des revenus.	Montant des revenus.
1876	58,286	700,000,000 f
1883	71,065	850,000,000
1890	91,512	1,103,000,000

| | GROUPE E. | |
| | Revenus de 25,000 à 125,000 f | |
Années.	Nombre des revenus.	Montant des revenus.
1876	7,501	357,000,000 f
1883	8,966	423,000,000
1890	12,521	593,000,000

| | GROUPE F. | |
| | Revenus de plus de 125,000 f | |
Années.	Nombre des revenus.	Montant des revenus.
1876	532	141,000,000 f
1883	639	157,000,000
1890	1,062	275,000,000

Les résultats de la réforme fiscale entreprise par M. Miquel, ministre des finances du royaume de Prusse [1], sont de nature à faire penser que les évaluations de M. Sœtbeer n'étaient pas trop optimistes. L'impôt sur le revenu réorganisé a donné des plus-values que le Gouvernement n'avait pas voulu prévoir (56 millions 1/2) et qui ne sont dues que pour une faible part (12 millions 1/2) à la taxation des personnes morales (2,028 sociétés, avec un capital social de 5.3 milliards, un revenu total de 415 millions et un revenu imposable, c'est-à-dire réalisé en Prusse, de 320 millions).

En 1892-1893, sur 30 millions d'habitants, 21 échappent à l'*Einkommensteuer,* de par l'exemption accordée aux revenus de moins de 900 marks.

1. Voir le *Bulletin de statistique du ministère des finances* de novembre et décembre 1892.

Les revenus frappés se divisent ainsi :

	Nombre des revenus imposés.	Montant des revenus imposés.
		milliards
Villes	1,410,073	4,840
Campagnes	1,025,785	2,315
Total	2,435,858	7,155

Le tableau suivant mérite un examen attentif :

Classification des revenus imposés en 1892-1893.

(*En marks de 1f,235.*)

Classes de revenus.	Nombre des contribuables.	Montant de l'impôt.
Marks.		Marks.
De 900 à 3,000	2,118,969	32,835,099
De 3,000 à 4,200	136,798	9,126,124
De 4,200 à 6,000	77,916	9,624,826
De 6,000 à 8,500	45,140	8,505,908
De 8,500 à 10,500	17,972	5,013,528
De 10,500 à 14,500	17,685	6,518,340
De 14,500 à 21,500	13,394	7,019,040
De 21,500 à 28,500	5,966	4,414,410
De 28,500 à 36,000	3,573	3,512,030
De 36,000 à 48,000	2,934	4,030,720
De 48,000 à 60,000	1,647	3,071,360
De 60,000 à 72,000	973	2,278,000
De 72,000 à 81,000	645	1,831,220
De 84,000 à 96,000	466	1,602,000
De 96,000 à 120,000	562	2,348,000
De 120,000 à 205,000	715	4,301,000
De 205,000 à 300,000	266	2,579,800
De 300,000 à 600,000	164	2,688,200
De 600,000 à 900,000	38	1.060,200
De 900,000 à 1,500,000	23	1,047,200
De 1,500,000 à 3,000,000	8	568,600
De 3,000,000 à 4,020,000	1	133,400
De 4,020,000 à 4,980,000	1	172,400
De 4,980,000 à 7,000,000	2	504,400

Saxe. — Voici, d'après la *Zeitschrift* publiée à

Dresde, le mouvement du revenu national imposable depuis 1879 :

Années.	Nombre des contribuables.	Montant total des revenus, dettes déduites.	Revenu moyen par habitant.
1879	1,088,002	1,200,000f	410f
1880	1,119,546	1,228,000	413
1882	1,162,694	1,323,000	432
1884	1,213,188	1,426,000	452
1886	1,267,866	1,546,000	482
1888	1,327,771	1,672,000	508

Les 1,672 millions de revenus de 1888 se décomposent ainsi :

Catégories de revenus.	Montant des revenus.	Proportions p. 100.
Propriété foncière	310,000,000f	17
Rentes.	210,000,000	12
Traitements et salaires.	730,000,000	40
Commerce et industrie.	555,000,000	31
Total des revenus bruts. .	1,805,000,000f	100
Dettes à déduire. . . .	133,000,000	
Total des revenus nets . .	1,672,000,000f	

Voici, enfin, quelle serait l'importance comparative des diverses classes sociales :

	Proportions p. 100.	
	1879.	1890.
Classe pauvre (revenus inférieurs à 1,000f).	76.40	71.15
Classe moyenne (revenus de 1,000 à 2,000f).	20.95	25.75
Classe aisée (revenus de 2,000 à 12,000f).	2.20	2.50
Classe riche (revenus de plus de 12,000f).	0.45	0.60
Ensemble.	100.00	100.00

ÉTATS SCANDINAVES.

Voici les évaluations de MM. Fahlbeck et Falbe-hausen :

	Danemark. 1880.	Suède. 1885.	Norvège 1884.
	Millions de francs.		
Stock monétaire	88	61	36
Propriété agricole, forêts . . .	3,360	3,843	1,008
Autres immeubles (maisons, usines, mines)	1,538	2,101	700
Voies et moyens de transport .	158	619	46
Bétail.	602	617	182
Matériel agricole	196	195	»
Marine marchande	95	111	140
Marchandises, meubles divers.	1,652	1,582	700
Ensemble.	7,719	9,129	2,812
A déduire le solde débiteur envers l'étranger.	»	860	168

Les populations étaient, à l'époque considérée, de 2 millions d'âmes pour le Danemark, de 4,682,000 âmes pour la Suède et de 1,943,000 âmes pour la Norvège. Les moyennes par tête se présentent donc ainsi (solde débiteur non déduit) : pour le Danemark, 3,860 fr.; pour la Suède, 1,950 francs; pour la Norvège, 1,450 fr.

Est-il besoin de faire remarquer que les évaluations motivées des deux savants professeurs dont nous utilisons ici les travaux n'ont aucun rapport avec celles de M. Mulhall ?

AUTRICHE ET HONGRIE.

En 1880, M. Beer évaluait la richesse totale de l'Empire austro-hongrois, en capital, à 40 milliards de florins, ce qui équivaudrait à 100 milliards de francs, en admettant pour le florin-papier une valeur égale à celle du florin-or (2 fr. 50 c.). Ce serait, il est vrai, étant donné le change moyen, une majoration d'un quart environ ; et même en ramenant l'évaluation totale à 80 milliards, elle nous paraît encore bien élevée.

Quant au revenu de l'Autriche-Hongrie, il a été chiffré en 1859 à 8 milliards et demi de francs par M. Czœrnig, en 1874 à 14 ou 15 milliards par M. de Neumann-Spallart. M. Roschmann-Hœrburg, en 1884, disait 15 milliards (toujours à raison de 2 fr. 50 c. par florin).

Pour l'Autriche seule, la richesse immobilière a été estimée : en 1858, par une statistique administrative, à près de 15 milliards (5,908 millions de florins), en 1868 par M. Fillunger à 21 milliards et demi (8,572 millions de florins) ; en 1884, par M. Roschmann-Hœrburg à 16 milliards un quart (6,497 millions de florins) ; par M. de Inama-Sternegg, à la même époque, à 19 milliards et demi (7,755 millions de florins) ; en 1891, par M. le Dr Schiff, à 25 milliards (10 milliards de florins dont, avec la Dalmatie en moins, 6 milliards et demi pour les terres et 3.2 pour les maisons). Le change

actuel demanderait, sur tous ces chiffres, une réduction d'un cinquième.

Un travail tout récent de M. de Inama-Sternegg,
dont on connaît l'autorité scientifique, aboutit aux
supputations suivantes : revenu total du peuple
autrichien, 2,400 millions de florins (à peu près
5 milliards de francs); capital, 30 milliards de florins (plus de 60 milliards de francs).

Pour la Hongrie, un jeune statisticien, M. Frédé-
ric Fellner, a récemment tenté une évaluation que
l'Université royale hongroise n'a pas jugée indigne
de ses suffrages. Elle peut se résumer ainsi :

	Florins.
Propriété non bâtie et mines.	6,500,000,000
Propriété bâtie.	1,100,000,000
Voies et moyens de transport	700,0 0,000
Valeurs mobilières diverses	2,000,000,000
Ensemble.	10,300,000,000

C'est, au change actuel, de 22 à 23 milliards.
Cette évaluation, en ce qui concerne la propriété
non bâtie, paraît être un minimum.

ITALIE.

M. Maffeo Pantaleoni a publié, dans la *Rassegna
italiana* et dans le *Giornale degli Economisti*, de
remarquables études sur l'importance et le mouvement de la richesse en Italie. Sa méthode est la
nôtre : il multiplie par 36 le montant total des suc-

cessions et donations annuellement taxées, et il arrive ainsi aux probabilités suivantes :

| Périodes. | Fortunes successibles. | | Quotité moyenne par tête. |
	Richesse immobilière.	Richesse mobilière.	Total.
	Milliards de francs.			francs.
1874-1878	27.0	17.7	44.7	1,585ᶠ
1879-1883	29.6	19.4	49.0	1,690
18:8-1889	33.1	21.6	51.7	1,764

D'après le même auteur, la richesse individuelle dans les diverses régions pourrait être comparativement chiffrée de la manière suivante : Piémont et Ligurie, 16 ; Lombardie, 14 ; Latium, 13 ; Toscane, 12 ; Émilie, 10 ; Vénétie, 9 ; Napolitaine, 7 et demi ; Marche, Ombrie, 7 ; Sicile, 6 et demi ; Sardaigne, 5.

Avant M. Pantaleoni, M. de Neumann-Spallart avait proposé les chiffres suivants : propriété non bâtie, 29 milliards ; propriété bâtie, 9 milliards ; total pour la richesse immobilière, 38 milliards ; et 48 milliards, avec la richesse mobilière, évaluée à 10 milliards seulement.

M. Bodio, directeur général de la statistique du royaume, dans son mémoire : *Di alcuni indici misuratori del movimento economico in Italia*, reproduit, avec d'intéressants commentaires, et semble confirmer, en somme, les calculs de M. Pantaleoni.

GRÈCE.

M. Skiadan, chef du bureau de statistique du ministère des finances du royaume de Grèce, évalue l'ensemble des revenus du peuple grec à 670 millions de francs. En capital, les fortunes privées monteraient ensemble à 5 ou 6 milliards, savoir :

Propriétés bâties.	2,672,000 ^{f}
Terres.	2,090,000
Forêts	252,000
Rentes sur l'État.	130,000
Capitaux des banques et sociétés (versés). .	126,000
Valeurs diverses	50,000
Total.	5,320,000 ^{f}

Mais le cours forcé et la dépréciation du papier-monnaie autoriseraient ici une forte réduction.

ÉTATS-UNIS D'AMÉRIQUE.

Sous le nom de *census*, les États-Unis organisent tous les dix ans un inventaire général, une enquête universelle, où tous les éléments de l'économie nationale trouvent place. La richesse des populations s'y trouve chiffrée, de deux manières différentes. Il y a, d'une part, l'*assessed valuation*, évaluation faite en vue de la perception de l'impôt sur le capital, et notoirement atténuée, surtout en ce qui concerne la richesse mobilière. Il y a, d'autre part, ce qu'on appelle la *true valuation*, évaluation purement statistique qui tend, au moins, à être l'expression fidèle de la vérité.

Voici les situations successivement constatées, y compris les résultats sommaires que vient de publier le surintendant du *census* de 1890 :

Années.	Évaluation fiscale.	Richesse effective.	
		Valeurs absolues.	Quotité par tête.
1850	»	85,680,000,000 f	1,510 f
1860	60,425,000,000 f	80,800,000,000	2,570
1870	70,395,000,000	150,345,000,000	3,900
1880	84,515,000,000	218,210,000,000	4,350
1890	121,250,000,000	313,000,000,000	5,000

Le chiffre de 313 milliards de francs pour 1890 paraît avoir été obtenu en admettant le même rapport qu'en 1880 entre l'*assessed valuation* et la *true valuation* (39 p. 100). La proportion ressortait à 47 p. 100 en 1870 et à 75 p. 100 en 1860.

L'augmentation totale de 1880 à 1890 ressort à 95 milliards de francs, soit près de 45 p. 100.

Dans le même intervalle, on trouve, pour 75 villes seulement, que les capitaux engagés dans l'industrie se sont accrus de 7,615 millions de francs, que la valeur des produits obtenus a progressé de 10,120 millions de dollars et le montant des salaires de 3,390 millions.

Le mouvement de la richesse imposable varie considérablement d'un État à l'autre. Il y a, depuis 1880, recul dans la Caroline du Sud, dans le Maryland, dans l'Illinois et surtout dans le Nevada (par suite de l'épuisement des mines d'argent). L'État de New-York, qui est le plus riche de tous, gagne 42 p. 100 (13,200 millions de francs en 1880, 18,800 millions en 1890) ; la Pensylvanie, qui vient tout de suite après, gagne 54 p. 100 (8,400 millions en 1880, 13 milliards en 1890) ; le Massachusetts gagne 36 p. 100 (7,900 millions en 1880,

10,800 millions en 1890) ; l'Ohio gagne 16 p. 100
(7,600 millions en 1880, 8,900 millions en 1890).
Quelques-uns des États les plus récemment ouverts
à la civilisation présentent des taux de progression
extraordinaires : le Dakota du Nord, 792 p. 100 ; le
Dakota du Sud, 1,041 p. 100.

La distribution de la richesse est plus inégale
encore aux États-Unis qu'en Europe. Une formule
mise en circulation par le parti démocratique au
cours de la dernière campagne électorale, mais que
nous ne reproduisons bien entendu que sous toutes
réserves, accuse le régime protectionniste d'avoir
« concentré entre les mains de 17,000 individus
la moitié de la richesse de la grande République
et livré à 250 capitalistes un douzième de l'actif
total de 63 millions de citoyens ».

MEXIQUE.

Une statistique officielle, qui sert de base à la
perception de l'impôt et dont les chiffres paraissent
inférieurs d'un tiers environ à la réalité, évalue
la propriété foncière, au Mexique, à 2 milliards et
demi (506.6 millions de piastres). Dans ce chiffre,
la propriété urbaine entre pour 1,300 millions de
francs et la propriété rurale pour 1,200 millions.

TABLE DES MATIÈRES.

	Pages.
Définitions et division.	5
Le capital en France.	8
Fortunes privées et richesse nationale	8
Observations préliminaires	9
Utilisation des statistiques successorales.	12
Évaluations antérieures basées sur des méthodes diverses.	19
Décomposition de la fortune nationale par natures de biens.	21
Répartition géographique de la richesse en capital.	28
Les revenus en France.	29
Évaluations collectives	29
Répartition des revenus par natures	37
Classification des revenus par importance	39
Pays étrangers.	43
Observations préliminaires	43
Angleterre (Royaume-Uni)	44
Belgique.	48
Pays-Bas.	49
Allemagne.	49
États scandinaves	55
Autriche et Hongrie	56
Italie.	57
Grèce	58
États-Unis d'Amérique.	59
Mexique	61

Nancy, imprimerie Berger-Levrault et Cⁱᵉ.

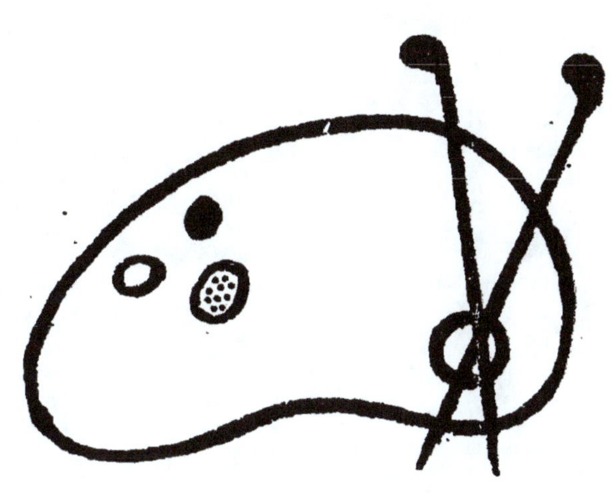

Original en couleur

NF Z 43-120-8